第3詩集

물꽃이 세월에 애원한들

云瑞 張基雄

홍익출판사

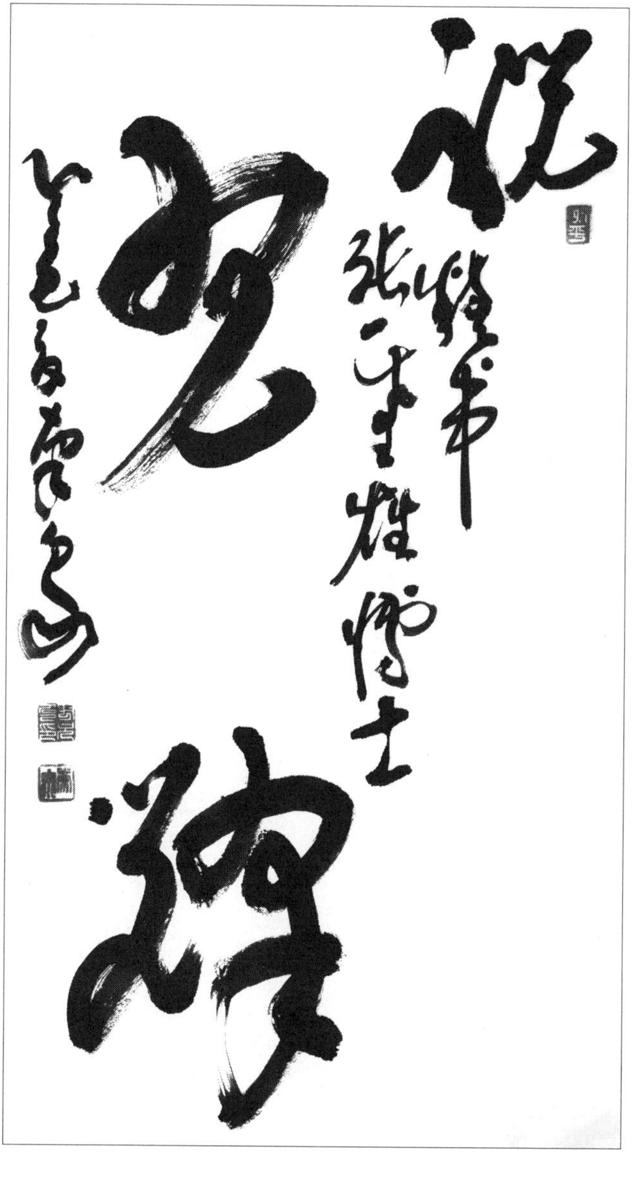

祝 精書 張基雄 博士
光　輝　癸巳夏 南泉

自序

따뜻한 감성적 삶과 감미로운 선율旋律

바람개비처럼 돌아간 세월 속에서 삶의 근원(根源)을 찾아 살아온 것이 벌써 팔순(八旬)을 바라보는 격랑(激浪)의 세월을 가로질러 뒤늦게 퇴색된 기억 흔적을 돌이켜 보는 마음의 틈새를 다시금 돌이켜보면서 따뜻한 어루만짐으로 아득히 간 세월들을 황홀한 맞이로 오늘을 음미(吟味)하여 보고 싶은 신선한 충격으로 다가온다.

다시금 잠시나마 인생이란 중량감에서 오는 삶의 무게를 내려놓은 일상의 처소에서 질긴 인연(因緣)으로 운명처럼 만난 그 소중한 이들의 정겨운 모습들도 지금은 옛 형상의 편린(片鱗) 같은 존재이지만, 내겐 문신(文身)처럼 못내 지워버릴 수 없는 한없이 티 없는 맑은 영혼들이어서 기억 흔적에 남아 있는 그리움의 정신풍경(精神風景)으로 각인(刻印)된 이름들을 눈물겹도록 가슴이 저며 와도 만날 수 없는 안타까운 심경의 갈피를 정리하여 풀어헤친 사유(思惟)의 편린(片鱗)들을 낱낱이 모아 이렇게나마 조심스럽게 지난날 되새겨 보며 느낀 향수와 애환(哀歡)을 세 권의 시집으로 분류하여 담아내고 엮어 보았다.

이토록 강물처럼 덧없이 흘려보낸 삶이란 희로애락(喜怒哀樂)의 동고동락(同苦同樂)을 틈틈이 이어온 관계 층위(層位)의 심상(心像)이기에 물안개에 가려진 아득한 정신풍경을 실체가 명백하게 고정되도록 잠시 전의식(前意識)의 따뜻한 감성(感性)으로 눈물겹게 삶의 장단을 '느림의 미학(美學)'으로 낮게 추슬러 보면서 조국을 위해 숭고한 희생을 더욱 짓밟은 일제 강점기의 정책으로 선산마저 빼앗긴 원통함을 손자인 네가 되찾으란 선몽(先夢)은 너무 고통스러워 이제야 시집을 내면서 세상에 알려 한(恨)을 풀었으면 하는 것이 내 나름의 소박한 소망이다.

감히 한꺼번에 시전집 형태로 『조국을 빛낸 성좌(星座)』(제1시집), 『어머니 정감(情感) 어린 향기』(제2시집), 『물꽃이 세월에 애원(哀願)한들』(제3시집)을 세 권의 시집으로 묶어내게 됨을 독자 여러분에게 많은 이해를 바라면서, 다시 한 번 삶을 뒤돌아보면서 지금까지 부족한 저를 위해 도움을 주신 고마운 분들에게 글의 모두(冒頭)에서 깊은 감사를 드립니다.

2014년 4월

云瑞 張基雄識

축간사

김 원 중
(한국문인협회고문 · 포스텍명예교수)

동토를 벗어난 희망의 계절 봄을 맞아 장기웅 시인의 처녀시집 『조국을 빛낸 성좌(星座)』(제1시집), 『어머니 정감(情感) 어린 향기』(제2시집), 『물꽃이 세월에 애원(哀願) 한들』(제3시집) 한꺼번에 세 권의 시집을 간행하게 됨을 먼저 축하 말씀을 드린다.

책을 낸다는 것은 반가운 일이다. 더구나 장기웅 시인은 팔순을 앞두고 처녀시집을 세 권이나 한꺼번에 낸다는 것은 여간 힘든 일이 아닌데도 용기를 내어 세상에 선을 보이게 하였으니 참으로 축하할 일이다.

제1시집 조국을 빛낸 성좌(星座), 제2시집 어머니 정감(情感) 어린 향기, 제3시집 물꽃이 세월에 애원(哀願)한들.

원고를 읽어보니 독립운동가 장윤덕 의병대장 조부님에 대한 남다른 뜻 깊은 관심을 가진 것은 일제말살정책으로 조부님의 영혼의 자리 선산을 빼앗긴 것이 원통하고 억울해서 세상에 알리고져 『조국을 빛낸 성좌』란 시집을 낸다는 것은 참으로 존경스럽게 생각한다.

그리고 아직도 그리워하는 어머니에 대한 사랑 글을 쓴다는 것은 남다르다.

시 내용에도 내재된 다양한 소양(素養)을 풀어내어 접목시킨 건축사와 철학박사답게 건축, 주역, 음악, 스포츠, 사랑의 정결, 시조 등을 자연스럽게 매치(match)시켜 다재다능하게 쓴 것이 돋보였다.

특히 축척이 남긴 족적은 콘텐츠(contents)도 좋고 장시인의 팔순의 앞둔 역정의 열매가 아닌가 거듭 축하의 말씀을 드린다.

장기웅 시인을 처음 만난 것은 몇 해 전, 한비문예창작대학에서 첫 인연을 맺었다.

장시인은 이미 건축사로서 대구광역시건축사회 회장과 대학에 출강, 철학박사로 명망이 높은데도 구태여 시를 공부하겠다고 한비문예창작대학에 찾아왔었으니 참으로 반가웠다.

공자님 말씀대로 "나이 들어 가장 즐거운 것은 공부하는 것이다."고 하였는데, 장시인은 더구나 시를 공부하겠다고 하였으니 어찌 대견스럽고 존경스럽지 아니 하랴.

그 이후 장기웅 박사는 열심히 시 창작에 매진하여 문단에 데뷔까지 마쳤었다.

그리고 간간히 소식을 들었으나 이렇게 많은 작품을 남길 줄 몰랐었다.

희망의 계절에 이 시집이 봄날처럼 따뜻하게 독자들의 가슴을 적시기를 바라며 거듭 축하드리는 바이다.

2014년 4월

●● 축사 축원의 글 ●●

박 해 수
(시인, 문학박사)

오매불망(寤寐不忘), 오매불망(寤寐不忘),
팔순에 잠 못 드는 시인의 열정(熱情)과
시심(詩心)을 뜨거운 가슴에
비문(碑文)으로 새기는 시집 세 권

장기웅 시인의 시집 『조국을 빛낸 성좌(星座)』(제1시집), 『어머니 정감(情感) 어린 향기』(제2시집), 『물꽃이 세월에 애원(哀願)한들』(제3시집) 세 권의 시집이 동시에 상재(上梓)된다.

정말 뜻 깊고 장하신 일을 하셨다.

장기웅 시인과의 교분은 2008년 여름 대구 반월당 한비문학 사무실에서 첫 만남이 이루어졌다.

건축사이시고 박사학위를 가진 지성적인 건축가로서 대구 경향각지에서 혁혁한 건축설계와 감리로 사회에 많은 봉사와 헌신을 해 오신 분이신데, 칠순 중반에 만남이 팔순이 오는 길목에서 이제 만학(晩學)으로 시의 길, 시인의 길로 다가오셨다.

장기웅 시인은 나라 잃은 설움과 한을 나라에 바친 장

윤덕 의사의 손자이시다.

조부님의 뜨거운 민족혼 조국애의 열정과 혈통을 이어받은 장기웅 시인은 조부님의 애틋한 민족혼과 애국혼을 잊지 못하여 오매불망(寤寐不忘) 그리워하는 마음으로 첫 시집 『조국을 빛낸 성좌』는 장윤덕 조부님을 그리는 애틋한 손자의 시정(詩情)과 그리움을 엮어 시혼을 아로새기고 있다.

시집 『조국을 빛낸 성좌』에서 조부님을 그리워하는 손자 장기웅 시인의 애틋하고 가슴 에이는 아픔을 노래한 시 귀절이 있다.

지고지순至高至純한 애국 애족 정신
할아버지처럼 지켜 늘 잊지 않은
조국애祖國愛의 후대後代다운 손자가 되어
겨레 위한 참사랑에 가름하오 나니
영원무궁 하소서 영원무궁 하소서

※ 영민靈悶 : 영혼으로서도 근심걱정 하신다는 뜻

영민의 세계에서 조부님과 손자가 교통하는 절절한 시이다.

시인의 조부님에 대한 공적을 요약해서 설명 드린다.

“장윤덕(張胤德) 의사는 1872년 7월 6일 경북 예천군에서 통정대부 장재안의 장남으로 태어나 일찍이 한학을 닦아 예천군 수서기를 지냈다. 1905년 12월에 을사늑약이

체결되어 국권을 상실할 위기에 이르자 이에 비분강개하여 국민들에게 항일구국사상을 고취시키고 친일반역행위를 엄단하겠다는 경고로써 민중들의 각성을 촉구하였다.

1907년 4월에는 분연히 일어나 일제의 침략원흉인 이또오히로부미(伊藤博文)를 비롯한 매국적신들을 살해하고자 서울로 올라왔으나 배신자의 밀고로 실패하고 고향으로 피신하여 다음 기회를 노리다가 7월에 격문을 각지에 발송하고 300여 명의 의병을 규합하여 의병진을 편성하여 의병장으로 활약하였다.

주로 풍기, 봉화, 문경, 용궁, 예천 등지에서 활동하였으며, 그해 8월 27일에는 의병 300여명을 인솔하고 풍기일경분파소를 습격하여 일본인 1명을 사살하고, 31일에는 봉화분파소를 습격하여 건물을 불태우기도 하였다. 또한, 9월 3일에는 문경읍을 습격, 일본인 2명을 사살하고 일인의 가옥을 소각시켰으며, 10일에는 이강년, 민긍호 등의 의진과 합세하여 1000여명의 의병을 이끌고 문경면 갈평리에서 경찰대 및 수비대와 격전하여 적 3명과 한인 순검 2명을 사살하고 적을 격퇴시켰다.

동년 9월 12일에도 예천읍을 습격하였음은 물론 16일 300여 명의 의병을 이끌고 대구수비대를 격파하고자 상주읍을 습격, 일경의 자위단과 교전 하였다. 이 전투 중 대구수비대 다나카(田中) 대위가 1개 중대를 인솔하고 출동하여 격전이 벌어졌으나 중과부적으로 의병진은 무너지고 장윤덕 의사는 총상을 입고 체포되었다. 체포된 후 이

송되어 혹독한 고문을 당해도 굴하지 않고 스스로 혀를 끊고 함구하며 항거하다가 1907년 9월 16일 상주군 함창면 구향리 뒷산에서 총살을 당하니 향년 35세의 일기로 조국 앞에 거룩한 생애를 마쳤다.

경북대학교 교정에 장윤덕 의사 기념비가 있고, 묘소는 예천군 보문면 수계동 보문산에 있으며, 박정희 대통령 친필로 묘비명이 각인되었다.

정부에서는 선생의 공훈을 기리어 건국훈장 국민장(1968. 3. 1)을 추서하였으며, 건국훈장 독립장(1990. 12. 16)을 추서하였다."

조부 장윤덕 의사의 꿋꿋한 뜻과 열정을 이어 받은 장기웅 시인은 보따리 보따리에 시를 껴안고 범어동 한적한 식당에서 보따리를 풀어 놓고 시의 숨결, 시의 영혼을 풀어놓고 있었다.

2014년 만물이 싹트는 봄을 맞아, 장기웅 시인은 이제 웅혼대담(雄渾大膽)한 조부님을 생각하면서 조국을 빛낸 성좌와 어머니의 정감 어린 향기, 물꽃이 세월에 애원한들 한 생애 삶의 편력과 삶의 애환을 팔순이 되어 못다 한 애환과 아쉬움을 세월에 애원한들 무슨 소용이 있으랴. 빼앗긴 조부님의 선산과 잃어버린 민족애환의 수난사 가정사를 시로 표백하고 있다.

늦으나마 이제 장윤덕 의사(義士)는 손자인 장기웅 시인으로 하여 부활(復活)한다.

시의 혼이 뜨겁고 시의 열정이 뜨거워 고인이 된 장윤

덕 의사(義士)의 영혼과 장기웅 시인의 살아 있는 영혼이 세 권의 시집으로 다시 만난다.

언제 어디서 무엇이 되어 다시 만나랴? 조부는 독립투사, 독립의사(義士)로 손자 장기웅 시인은 시인으로 조부와 함께 뜨거운 영혼으로 포옹하고 껴안고 살을 부비며 한 세기를 흘러가는 길목에서 뜨거운 시의 영혼으로 다시 부활하고 다시 만난다.

어찌 아름답고 뜻 깊은 일이 아닐까. 회자정리(會者定離), 회자정리(會者定離) 시로서 다시 만나는 아름다움 역사의 아름다움 혈연의 아름다움이 아니랴. 민족혼 우리의 아름다움이 아니랴.

장기웅 시인의 시집 세 권 동시 상재를 두 손 모아 축원(祝願), 축하(祝賀)의 글을 가슴과 심장에 모아 함께 드린다.

2014년 4월

●● 目次 ●●

제1부 어쩌면 그리도 가깝고도 먼가

제2부 환상 같은 꿈자리 가득 담아

제3부 물꽃이 간지럽게 피어난다

제4부 마음 사랑 님 사랑 곱게 달게 하리

제5부 꿈자리 새벽을 열어 놓는다

제1부

어쩌면 그리도 가깝고도 먼가

물꽃이 세월에 애원哀願한들

가는 세월을 어찌하리
바람에 몸 부딪쳐 살다가
그 세월에 묻혀 버림이었지

울고불고한들
멀리 간 세월 잡아 끄어 가지 말라 하리
이 몸 역시
한자리 머묾이 아니었으니
세월 따라 그저 그렇다 살다봐야지

무슨 말 늘어놓아
가는 나날 붙들어놓으리
내 청춘 돌려 달라
물꽃이 세월에 애원哀願한들

지난 세월에 매달려 울어 불러본들
애달프단 하소연 달갑게 들어주리
흘린 눈물만이 콧등에 닿음이었지

함께 갈 인생길

서로가
서로를 위해 아우르자

하나 보다 둘
셋 보다는 넷이 더 좋듯이

함께 란 인생길
오손 도손 즐겨 걷자

언제 들어 보아도
서로를 반기는 기쁨 가득 찬 인사는
밝은 내일 기약할 다정이니

즐겁게 살아가는 훤한 모습
그윽한 정 나눈 행복한 길

손잡아 신뢰감 드높인
함께 갈 인생길 가옵시다

마음 준 숨결

아롱진 첫사랑
그 눈빛 그 입술
자못 잊을 수 없네

이젠 옛 이라지만
마음 준 고백
그만은 순수했기에

오솔길 놓은 발걸음
그날 그곳
잊을 수가 없네

자연으로 떠날 때까지
피고
피는 첫사랑 숨결

삶 위한 아롱다롱

나비야 청산 가자
산새소리 드높이는 곳엔
너를 기다린
아름다운 꽃들이 향기로 이어있다

나비가 될 때까지
천적을 피하는 위장술
삶을 위한 능숙함
그 얼마나 고달픔 있었으랴
나비로 환생하였으니
꽃자리 찾아 아롱다롱 하라

봄이 오는 길목

멀리 보이는 긴 머리 여인
겨울 산자락 뒤로한 채
어디로 총총 가고 있는가

봄이 오는 바람 소리
들바람 스쳐 가오는데
어디에 마음 둔 생각
쉼 없이 가고 있는가

봄이 오는 길목
그대 반겨 맞는 기쁨 될란가
그럼 그렇게 그렇게 하소서
가냘픈 숨소리 기쁨 맞아
따뜻함에 살리니

초원 위의 백구白球

숲속 푸른 초원 위에
확 트인 넓은 공간
아름다운 자연 경관에 도취되어
드라이버샷이 백구를 날릴 제

쪽빛 하늘 높이 치솟아 타원형 그려
페이웨이 위에서
하나의 예술 되어 뒹군다

도전정신을 일깨운 긴장감
원심력 극대화로
호쾌하게 휘두르는 샷에

화살처럼 날아가
그린 위에 사뿐히 앉는
짜릿한 성취감에 얻은 쾌감은
가슴이 탁 트인 희열을 만끽한다

긴장된 정신집중은
백구를 굴려 홀인원 될 제
세로토닌이 쏟아져 나와
순간의 쾌감이 하늘에 다다라

세파에 찌든 스트레스를
용광로에 넣어 녹여버리듯
포만감은 희열 느껴
장쾌한 웃음꽃 입술에 활짝 핀다

물 메아리 재연

계곡물 너는
맺힘 없이 멋대로 가라

머물러있는 곳엔
색깔과 형태가 바뀐다

흘러 흘러 원한 곳
소리쳐가도 나무라지 않는다

골마다 부딪치는 소리
아우성 같이 들리나
시련은 다시 합류할 시작이다

산 계곡 바람소리
옛이 머문 이어진 물소리

대자연 태고의 섭리가
이어진 재연에
서정抒情이 곱돌아 뜬다

그는 떠나고

오더니 갔습니다
닿더니 달아났습니다

애써 기다린 아지랑이
고맙다 했더니
살며시 감추었습니다

때가 되면 습관처럼
볼록 나온 배가 성을 냅니다

그때 그 얼굴

지난날을 잊었으나
가끔씩 되뇌인 과거가
현재 기억으로 돋아난 생각
언제 이렇게 되었나

청춘이 시들은 몸
동고동락 한 얼굴들
자리 물러나
지금은 어떻게 지내는지

궁금이 그때 그 모습이라
물음표로 화답한 자문자답
새겨 새겨 그려보는 아련한 희망
언제 다시 만날까 가슴 저미네

청춘 놀이

동화同化 된다
참아도 잊어도
다시 일어선 마음
청춘 놀이 입학한다

둥글게 돌아가는
원형 놀이처럼
그 속에 들어가
나를 잊어
청춘이라 춤춘다

지난날에 향수鄕愁
그때가 그리워
청춘 속에 빨려 들어간다

뱃놀이 기억

풍요로 안은 포만
호반 수심 색깔 짙푸름
그 위에 떨어지는 빗방울
그 무늬가 아기자기 곱도다

어느 날
봄볕 드는 날
뱃놀이 추억 띄워
님들은 그날이라 기억하겠지
풍성한 젊은 날들을

그날 생각

푸른 물 위 물결에
저녁노을 담아 줄 때

그대 만나
꽃향기 그윽한 가슴 위
미소 지어 입술 연 그날처럼

섭섭한 헤어짐은 내일 약속 싫어
눈시울 붉힌 그날 생각

오늘이 서러워
꿈속에서 재회를 손꼽는다

다정히
다정히
새겨 놓을 애상愛想

빈 입맛 다신 그날

맛 닿는다
가을에 홍시紅柿

그 맛이 좋아
감나무가지 끝 쳐다보던 시절

빈 입 다신 그날들이
고요를 깨트려
입맛 다셔 그때라 읽는구나

언젠가 다시
그곳 그 감나무 아래 설 땐
담아둔 말 다 쏟아 내리라

오늘도 님 그리워

강냉이 꽃이 시들은 밭골에
쓰다듬어 넘는 가을바람

먼 곳 하늘엔
뜬 구름 그림 그리는데

나를 향해 다가올 님
언제 오시려는가

오늘도 님 그리워
까막까치소린
내 목소리라 소리 높이는데

꿈에 동산 함께는
어쩌면 그리도 가깝고도 먼가

몹쓸 비바람

꽃잎이 바람에 휘날려
꽃비처럼 내려 떨어진다

내가 기다린 바램은 아닌데
몹쓸 비바람
하필 꽃잎 앗아갈까

계절전환 멋이라지만
그리 달갑지 않는 꽃비

한순간 신비스런 장쾌
그 뒤끝은
아름다움 빼앗긴 처절한 느낌

눈앞에 보인 꽃
허망을 느껴보란 저주였네

물레방아 소리숨결

떨어지는 낙차에 부딪쳐
돌고 도는 물레방아야
너는 세월 따라 끝없이
마냥 돌아가련 다지만

언젠가 낙차소리 멎는 날엔 .
돌아가는 순리 잊겠지
세상사 모두가 물레방아 너처럼
오늘 이 순간만은 청춘이나
때가 되면 허무라 멈춤 하리

계절은 다시 오건만

갈대밭 길 따라
손잡아 거닐던 그날이여
계절은 다시 돌아와도
그 얼굴 그 마음
가슴엔 변죽만이 울린다

가는 세월이
쓸어 쓸어 모습 바꿔
인생살이 주름살 사이사이
못 잊는 꽃이 새록 거린다
추억은 영원하다지만
이 몸 잃을 때 다 묻어 소멸하리

그리움에 이룬 잠

홍안의 꽃
다시 돌아오려나

입춘이라 알리오니
이내 몸에 꽃피어

살며시 손잡은
그날 그 눈빛 다가오려나

한없이
그리움 머문 가슴 활짝 펴
아름다운 경지에서

달빛에 젖고픈 그날 되려나
보고 싶음 마음 물고 늘어진
그리움에 이룬 잠

첫눈 내린 신천지新天地

눈이 내리네
춤추듯 공간을 헤집어
소복소복 쌓여
겨울 꽃 하얗게
신천지新天地·보란 듯 내리네

첫눈 내린 날
그대 함께 발자국 새겨
겨울 운치에 젖어
하얀 순결 연결되란 설화雪花
심중에 모아둔 사랑 예찬禮讚

다시 눈꽃처럼 되어
언제나 신비스럽게
사랑 사랑 아름답게 엮어
다정다감 다하란 선물이었네

다시 그리운 봄 (시조)

만추晩秋에 비바람은
단풍잎 흩어 날아

무서리 선물 주어
색동옷 벗기렸나

겨울에 눈雪 이불 덮어줄 땐
봄바람 그리울 텐데

제2부

환상 같은 꿈자리 가득 담아

다듬은 내 사랑

오랜 세월 서로 당겨 이끌어온 정
소망의 내일 위해 오늘을
조금 더 아름답게 가꾸려는 염원

풀꽃 피어나는 생태처럼
아득한 물안개 속에서 그대에서 내 당신
내 당신에서 가녀린 여보로

그렇게 삶을 위해
주고받은 순수한 참사랑
살 저미는 바람 앞에서도
한결같이 나누고 보듬은 마음

아립게 빛나는 순결한 사랑으로
백년가약을 맹세한 다듬질에
사랑으로 심은 나무에 눈부신 꽃 피어나듯

생명보다 소중한 부부의 이름은
오늘도 눈부신 단단한 약속約束으로
해맑은 사랑
영혼까지 갈 사랑이어라

절개

바람에 댓잎이 흔들린다
늘 푸름 앗아가련 겨울바람
하지만 하지만
꼿꼿한 절개
그만은 앗아가지 못 하리

사계를 돌아 돌아
억겁億劫 세월
변하지 않은 늘 푸름
오상고절傲霜孤節 송죽의 으뜸
언제나 올곧은 푸름이어라

그때 마음 소리

오라는 가
오라는 가
타는 불꽃 발걸음 놓아
못 잊음을 달래어 줄란가

까마득한 그때 마음 소리
오늘 이 자리 기다림에
나를 오라오라 할건가

작은 새 한 마리 같은 마음을
흠뻑 젖게 할란가
또렷하게 할란가

남녘 바람

응달에 잔설
안녕이라 할쯤엔

해동 비 내리는 날
남녘에서 오는 바람

기다림 참아왔던
초목 뿌리 빵끗 웃음
하염없다는 기쁨

푸름으로 가렸지
푸름으로 가렸지

꽃망울 웃음

어떤 님의 손길에 걸려
산골에 시집온 동백나무
못내 서식지棲息地 눈에 밟혀
목 놓아 밤을 지새우네

그 얼마나 삶이 고달프랴만
끈끈이 참고 참아 이겨내어
철늦은 계절에도
꽃 피련 다짐
잎에서 보인 푸름은
꽃망울 웃음보일 준비 일래다

상처 난 자락 눈目

상처의 흔적은 치유할 수 없네
말馬 눈 같은 동그라미
뉘가 꺾은 가지인지
그 손이 상처 만들어 놓았네

수령이 다하는 날
남김없이 사라짐이지만
상처는 아픔
그 흔적이 괴롭네라
긷긴 세월 자락 눈目

은륜銀輪 위의 형상

굴러 간다
굴러 간다

어제도 오늘도
나란히 나란히

은륜 위에 앉은 모습
희망 가득 실어 달린다

삶을 위한 진지함
봄 여름 가을 겨울
쉼 없이 돌아간다

한길 한마음 늘 푸른 꿈
어제와 오늘 그 역시
영원한 그대 사랑 가꿔
앞바퀴 따라간다

내 가슴에 젖어든 사랑

꿈에서 생시처럼
내 마음에 와 닿은 사랑할 사람
언제나 오늘 내일 초조한 기다림

혼자 가상한 술래 잡이와 숨바꼭질처럼
설레이고 설레인 애상愛像의 사모
그런 애상愛像을 님이라 하련만은

언제 어느 날에 만날지
열정은 끓어오르는데

서로가 사맞아 당겨 맞을 날엔
환상에 젖어 이몽사몽이라 하렴을
기다림이 초조로 이어지는 가을을 맞네

가오리다

가리다 가오리다
이른 새벽길

은설銀雪 묻어나는 숲길 헤쳐
고운 눈길 맞으려 가오리다

진실 간직한 마음과 마음 모아
사랑 사랑의 미로 알뜰히 챙겨

내밀한 언어
영원히 빛날 언약

심중에 있는
다정의 노래 함께 부르리다

오늘도 내일도

나란 나란 날아가는 날개
다정도 반갑네라

소곤소곤 입소리
다정다감 이은
사랑 사랑 눈부신 사랑

오늘도 내일도
당신이라 새겨놓은 호칭
이내 가슴에 담아

꿈 가꾸어 마냥 기쁨에 젖은
여울 빛 파장波長을 이어
손끝에 만져진 그날처럼

순간 순간 높여진 느낌
그날 되새겨 가려 하리다

마음 나들이

발걸음 닿은 호반
이 몸도 활짝 핀 벚꽃 꽃눈 되어
함께 하는 호흡

바람결에 떨어지는 꽃잎
내게 기연岐緣 되련가

떨어진 꽃잎 밟는 발길 저려
가련한 이 마음 저 마음을
허나 어찌 하오리

그저 꽃놀이 꽃노래
호반 위 떠도는 오리배 마냥
즐거운 입술 열어 즐김이라 해야지

하고픈 말은

필요했습니다
마음에 지펴져
찾고 찾아 왔습니다
밉도록 곱게 보아주세요라

하고픈 말은
함께 란 둥지
소망이라 알아주세요

다 받아 주신다면
뜻 깊이 새겨
이 몸 받쳐 헌신하오리다

희망이여

꿈이여
꿈 사랑이여

정다운 길 나란히
사랑에 길든 희망이여

오늘 하루
내일로 가련 노을이 빛난다

잡히지 않는 해
꼭 쥐어도 달아나는 달
내 손에 쥔 것은 아무 것도 없다

다만
밤하늘별은 눈가에 속삭여
나를 달랠 정 나눠
사랑가를 입력하라 한다

오늘 하루 너랑 나랑

오늘 하루 여유롭게
쉬어나 보자
마음 문 열어 놓아
유람선에 올라 물길 열어
가을맞이라 눈길 이끌어가자

산들바람이 스치는 물결 위
환상 같은 꿈자리 가득 담아
다시 꿈에 젖을
너요 나요라 즐겨나 보자

오늘의 삶이 너그럽지 않아
친구 내 친구 하면서도
생각만 허우적인 정

오늘 하루 옛이 어우러진
귀염둥이로 태어나 보렴
영원한 친구야
영원한 나의 친구야

또렷한 알림

잠행潛行이 싫어
물 밖의 사랑 나들이
내 모양 보란다

숨어 쉰 숨소리
그보다 그보다
또렷한 알림
현실의 진실이라
밝음으로 이끈다

한가위 달뜨는 날 만남
그 달빛 기다린 약속
이제사 그렇다
물 바깥 나들이한다

디딜방아의 애환

디딜방아 너 무슨 죄를 지었기에
너와 같이 동고동락 즐긴

세 친구는 어디로 떠나보낸 뒤
어찌하여 산림박물관에 잡혀
너만 홀로 갇혀 있는 신세가 되었는가

어느 누구도 너의 친구 되어주지 않으니
너와 같이 놀던 옛 친구만 기다리는
너의 그 모양이 가엽기 그지없으니
세월 무상이 너였구나

※ 세 친구: 호박 고에 곡식을 쓸어 넣는 한 사람, 방아디딜 두 사람

고운 님 손잡아

짙은 푸른 물 위에
봄맞이 볕
물 아지랑이 피어나라

봄바람 불면
고운 님 손잡아
돋은 잎새 반기렴

수줍은 그때를
님의 귓전에 일러주고

하얀 머리카락
옛이 소스라쳐
붉은 뺨 고운 그 눈빛도
아득히 젊은 그때라 하고파라

내 정들 님

눈에 보이네
그리운 내 님

눈에 맺히네
내 정들 님

눈에 어리우네
사랑 사랑 나눌 얼굴

삶의 자리
늘 행복이란 맞이

또렷한 정
내 님 내 님이라 할 모습

꽃 두레 소망

봄맞이 지저귐
멧새 들새만이 하랴

겨우내 움츠렸던
사랑 말

입에서 입으로 내쏟아
발걸음에 놓아
마음에 새겨 담는 계절 미감美感

사랑 꽃 두레 소망
그 님들이 좋아라 좋아라

콧등 넘는 봄바람 맞이
얼싸 좋아 라지

무게실린 너 (시조)

세월풍상 겹겹 받은
뒷동산 침묵바위

봄바람 사르사르
간지려도 웃음 없는

인고의 세월에 굴하지 않는
무게실린 너여라

제3부

물꽃이 간지럽게 피어난다

손가락 헨 셋

너는 몇 살이니
손가락 헨 셋
아장걸음마는 재롱스럽다

엄마 손에 이끌려
아빠 품안에 안긴 모습
따뜻한 사랑받아 좋아라

화창한 봄나들이
오늘 밤엔 즐거운 꿈꾸어

빙그레 웃음
함빡 이로 피어나겠구나

귀염둥이로 한 몸에 지닌
사랑 받음이오니

한길 마음

따릅니다
언제나

뒤따라갑니다
다소곳한 마음엔

편안히 드리워진 행복오기에
춘하추동 한길 마음

당신 위해
마음 길 따라갑니다

정다운 삶
아이들에 거울 되어
다정多情에 노래 발맞춥니다

새해맞이

중천건(䷀)重天乾 기운 받아
경인년 새해가 밝아온다

중지곤(䷁)重地坤 기운 품어
백호가 힘차게 일어선다

온가족 한자리에 모여
조상님께 차례를 뫼셔

아이는 경건한 마음 업 배례
어른은 덕담과 사랑 베풂

삶에서 우러난 진정한 행복 맞이
삶의 원천 근원을 만진다

우리 슬기 이어온 전통윷놀이
한해 강녕康寧 소망을

천간天干지지地支를 염두에 둔
미담 이은 민속놀이

눈目빛에 꽃핀 도타운 정
한해를 도란도란 정답게 시작한다

눈 맞이 아쉬움

눈에 들어오는 분홍 꽃
내 사랑이면
그 얼마나 좋으랴만

꽃과 사람 사이
가까움은 가깝지만

함께란 너무나 짧아
생각의 길이를 이어놓아

꿈길이라
새벽을 열란다

자유공간

공간 자유공간
얼마나 행복한
함께한 기쁨이오리

더러는 냄새
더러는 역겨움
더러는 짜증

하지만
삶 있다는 즐거운 자리

의식 무의식
그렇게 살다 가는 것이 네라
점찍은 듯 몸 하나 하나

손끝에 닿은 봄

아이도 아쉬워 좋아라 좋아라
봄을 즐기듯 맞아
손끝에 닿은 봄의 촉감觸感
눈目가에 맺힌 기쁨에
감미로운 눈물이 묻어난

봄나들이 꽃말 나불나불
버드나무 가지에 꽃 움트듯
생명의 순筍은 마냥 즐거워

유년시절 어버이 따라
즐겁게 가벼운 걸음으로
잔디 위에 발자국 새기던

못 잊는 그 시절 회상에 잠겨
나도 몰래 눈물 묻은 눈으로
서녘 하늘을 지그시 눈 감아 바라본다

어울려 얽힌 정情

내 마음에 간직한 사랑
당신에게 모두 주오리다

자나 깨나 한결같은 늘 푸른 사랑
잔잔한 물결처럼 어우러져

당신 눈에 맺혀
자즈래진 웃음 있게 하리다

어울려 얽힌 정겨움
세월이 돌아 돌아오는 날 맞이마다

다정의 샘
흘러넘치게 하오리다

그대 만진 연민

빨갛게 익은 고추골지나
붉은 대추 달린 나무 아래
서성인 발걸음

그는 뉜가
옛이 고스란히 돋아난
첫사랑 이어놓은 생각
한사코
대추 알알 만져
그때란 생각 업어

다시 안아보련 연민戀悶
흐르는 물소리에
맑게 귀 뚫어
내 그대 부르는 소리
알그럽게 대답하려네

그 시절 되고파

고향 가세
고향 가세
너와 나 손잡아 놀던 언덕바지

봄소식
달래 냉이 꽃다지 캔
그날그날들이 눈에 잡혀
그 시절 되고 푸네

등짐 진 나이라지만
마음에 감겨
자꾸만 그때로 가고 싶어지네

주름살이라도 덜어나 볼 겸
씀바귀 고향 맛 보려가세

그때 봄 아씨
댕기머리 함께 할란지

생로병사란 삶 속에
한 시절 짧은 토막
못 잊는 그리움이 눈물짓네

부질없는 한 가닥

솟는다
솟는다
욕심이 하늘 향한다
부질없는 한 가닥
그는 그렇게 살다 갔네

빈손 빈손
동전 몇 잎 입에 넣어
떠난 뒤 수전노守錢奴란 남김
무슨 되울림 말 하리
허무한 넋살이를

아쉬움 남기소서

그리운 대상이 되소서
보고 싶어 몸살 난 그대 되소서
누구나 징그러움 좋아 하오리까

다시 만나고 싶은 얼굴
그 눈빛 감미롭다는
잊지 못할 그 사람이라
기억되게 하소서

그럼
언제 어디서 만나도
기쁨 맞이 정다운 나눔

아쉬운 석별
마음에 울어난 재회를 약속할
나를 가꾼 향기 있는
마음 낳으소서

늘 푸른 기상

청석바지 옮겨진 소나무
강인한 근성으로 용케 살아
늘 푸른 기상
잃지 않으려 기사회생한 흔적

보고 보아도 생명 끈 놓지 않은
끈끈한 송진처럼
한자리 몫 다하렸구나

어떤 모진 풍상에도
미담을 술래 잡아
태고로 태고로 이어 가려무나

솔바람에 기대고픈 그 님들 위해
춘하추동 한 색깔 갖춤 하렸구나

동그란 하늘 아래
동그란 사랑 그린 가을
철늦게 떨어지는 물소린
청청한 노랫말

숨 가쁘게 지저귀는 산새
감미로운 사랑 묻어난 음색
저 높은 산에 올라
그대 손잡으려는 절절함

붉은 앵두 입술이 그린
그 사랑을 받아 맞으리란
꽃핀 이 마음 저 마음

거리의 풍경

유혹으로 이끄는 아슬아슬
매료魅了되어 보란 충동
그렇게 저렇게
보고 보란 모습이
인생살이 최고정점인가
눈 아린 풍조

지구촌 어떤 환락가歡樂街 보다
이 땅에 자연스럽다는 풍경화
쌍것의 후예인가
부모 없이 자란 상징인가
배꼽의 미美
종아리 보아달란 착각錯覺

나를 낮춰 보세요

기쁨이 멀리 있더이까
행복이 숨어 있더이까

나를 낮춰
그분 그분이라 할 때
사뿐 사뿐 걸어 모여든 눈길에
열린 마음 곁에 다가옴이었지

오만이나 자만으로 이어질 때
어느 뉘
고운 눈길 주어 활짝 핀
신의信義 가진 이들 모여오리까

낮추세요
정녕 겸손하세요
아름다움 위에 고귀한 사랑 향기
당신이라 꽃피워 살리니

익어 넘친 정

파란 하늘에 눈이 멈췄다가
뒹구는 낙엽에 내 마음 담긴다

사랑하는 님에게
낙엽편지 띄워 보내고픔은

구구절절 정 나누고 싶은 마음
다 헤아려 쓰지 못하는 이내 심정

내 마음만 가득히 담아
님 계시는 곳으로 보내나니

님도 내 마음같이
낙엽에 마음 사랑담아 보내주겠지

알알이 익어 넘친 정
내 님 내 님이라 아낀 사랑

보고 싶은 얼굴

마음속에 감추어둔 사람
아롱아롱 돋아난다

눈에서 머들 머들
그리움을 아프게 한다

언제 만나리요
어디서 만나도

가슴으로 포옹하고 싶은
냉랭한 겨울 녹일 열기

한샘 한 우물 같은 그리움
그 사람 그 사람이라 티어난다

은반 위 예술

감동 함성이 터져 쏟아지는
은반 위 요정

하늘 아래 땅 위에
으뜸 된 그녀

시공時空을 넘나든 예술 극치
자랑스러운 대한의 딸이

오직 오늘 이 순간 위해 눈물겹게
정신력으로 이끌어온 나날

오늘 위해
최선 다한 장쾌한 모습
환상에 젖은 눈길 모음

길이길이 영원하리
지구촌 눈길 모은 감탄에 찬사

민들레

내 비록
눈여겨보아 주지 않는
민들레라지만
계절엔
민감한 삶이 있네

봄이 오면
봄볕 따라
노란 겹꽃 피어
종달새 새끼 머리털
같은 모양 갖춰

바람결에 씨앗 날려
그 씨앗 마음껏 날아
새로운 삶터 찾아 살라네

끈질긴 삶에 근성
뉘도 닮고 싶어 할
삶이란 아름다움

풀잎 배

쓸어간다
자꾸만 자꾸만
흘러가는 물
한 소리 내어 데려간다

풀잎 배 하나
기우뚱 기우뚱
아슬아슬 눈 멀리 간다

풀잎 배 승선한 개미 몇 마리
가렸던 곳
무사히 도착하련가
기우뚱 눈 멀리 사라진다

그때 두레박 (시조)

어머니 물 기르신
우물물 두레박질

생명수 뿌리내린
삶 터전이었으니

그때 그 우물은
오늘을 가꾼 삶의 원천이어라

제4부

마음 사랑 님 사랑 곱게 달게 하리

그리운 학창시절

모두가 지난날 된 옛이지만
기억에 집혀나는 학창시절
무명교복에 목조 교실

그땐 더위보다 추위가 엄습掩襲한
살갗을 에워내는 아픔이었지만
장작개비로 피운 난로 위에
즐비하게 놓은 양은도시락에서
새어나오는 김치냄새

그래도 그때가 좋았다는 다정다감
청운에 뜻을 품어 나눈 우정
그 얼굴 그 모습 그리워
언제 만나 도란도란 옛이야기 할까
심중에 불이 붙어 마음 뜨겁네

고향 갈래다

밀 보리 익은 오월이 오면
옛 님들 그리워
고향 길 갈래다

앞뒷집 도란도란 인사한 뒤
동산에 올라 오월에 노래로
밀 보리 이삭 만져보는
감흥에 잠기어보리다

뒷동산에 올라
푸른 솔잎하나 뽑아 입에 물어
옛 맛을 소로시 음미할 때

두 뺨에 흐르는 눈물로
찔레 새순 꺾어 입맛 다신
아련한 유년의 꿈에 취해

잘근잘근 씹어본 한 시절
혀끝에 살아나는 넋 놓아
산 능선에 걸린
흰 구름을 바라볼래다

봄맞이 사랑 눈

앙상한 겨울 나뭇가지
그 얼마나 애타게
기다린 훈풍일까

살아남으려
안간힘 쓴 가지마다
봄맞이 사랑 눈 잎새 트려

엄동설한에
쓰라린 바람결에
용케 살아남아

봄볕 들 땐
후유 하며 새잎새 소리
간지럽게 하리

기쁨에 노래

소나무 숲 골 사이
활엽수 푸름 더할 날엔
봄 왔다는 어울림은

가지마다 기쁨에 노래
잎새 사랑 겨워라

박새 이리저리
몸 뒤트는 휘젓는 나뭇가지
봄 익었다는 색깔

진달래 꽃피라
사랑으로 지저귀어
마음 사랑 님 사랑 곱게 달게 하리

가을 흘린 석류

터져 흐르는 멋
너의 마지막 자태
입에 넣어 보란 색깔이었구나
내 품에 넣어
죽도록 사랑할란다

봄 기다린 겨울 살이
통꽃으로 되어 맺힌
꽃 단지처럼 한 모양
가을에 익어 넘쳐 터진 진홍眞紅
내 어찌 너를 보고 길손 되어
그냥 보고 지나치랴

건물 숲 자리

쉬엄쉬엄 오르던 앞산정상頂上
힘겨워 가쁜 숨 토해낸 오르막을
케이블카에 편안히 앉아서
달구벌 정경을 바라본다

초가와 기와집
옛 자리 모두가 어디로 갔나
사각 건물 치솟아나 형성한 군락
그토록 가슴 저리게 힘겨워 살던

그 시절 그때 그 님들 다시 돌아오신다면
산전벽해山田碧海 여기가 어디냐
누군가에 되묻고 싶은 충동衝動에
마냥 구절장단 입소리 춤을 추오리라

나를 오란다

나뭇가지에 맺은 물방울
나를 오란다

나뭇가지 잎눈
한사코 만져 달란다

봄비에 맞은 기쁨처럼
님도 님 만나
기쁨을 알라 알린다

그려 간직한 소망
따뜻이 조롱조롱 열린
그 모습 되어나 보란다

찾아들란 가

봄이라니
제비가 좋아라 찾아들란 가

초가지붕 아래 둥지 지어
사랑 노래 즐긴 그 자리
옛스럼 되어나 줄란 가

그 자리 초가집 사라져
잡초만 무성한데
그래도 그래도
좋아라 찾아올란가

정갈한 정성

쟁반 위에 가지런히 놓은 과일
그 정성에 맛
침 흘러내릴 정갈
그땐 섬섬옥수였는데

지금은 매듭진 손마디
흰머리 아래 늘어진 목덜미
안타까운 번데기 주름살이니

내 어찌
같은 몸 모양 다르다 하리
고운 눈길 따뜻한
그때가 잡혀든 알록이
동반자란 인생살이 같은 몸 형태이지

고운 순정

맨드라미꽃에도
호박꽃에도
그 순정은 고결했다

밤이 좋아 핀
달맞이꽃 나팔꽃
순결어린 박꽃
곱고 고운 사랑이 잠재되었다

꿈속에 피어난
환상의 꽃에도
여인의 속살 같은
하얀 순결 묻어나

사랑의 꽃향기
너와 나를 얼싸안아
깊은 밤 꿈결 속에서
님 찾아 꿈속을 헤매는데

인간 삶이
금수禽獸 보다 못하다는 말
그냥 토한 말 아니었으니
꽃은 꽃다움 나비는 나비다움이
제멋 지닌 참다움일레라

아마도

무슨 사연 있겠지요
아마도 아마도
들어내어 말할 입장이 아니겠지요

쓰라린 가슴 만져
고동치는 목에 찬 말
모두를 털어놓을 기회 있겠지요

황홀한 그때처럼
고요가 다가오는 그날

모아둔 모든 것 해소하여
여명을 보는 눈 모움
사랑에 다정함이 있겠지요

님 향한 열창

희부연 물소리 계곡
더위 따라 신들린 듯
흘러 흘러 가을문 두드리는
계절 소리 곁에
매미 몸부림 같은 사랑에 노래
푸른 하늘 공간으로 뻗쳐오른다

혹독한 더위 속에
시름 달래는 수매미 열창
찾아오란 한결같은 님 향한 울림
물소리 장단 맞춰
시름 덜어 달랜 사랑가
옥돌다듬이 소리
가을 가을로 가는 계곡 한 울림 멋

잉태를 맞을란다

나는 등나무
뱅뱅 꼬아 올라
사랑 위한 꽃을 피운다
때론 푸른 잎 시들어
단비를 기다리는 신세

하지만
그 단비 맞아
뿌리 흠뻑 젖을 땐
뾰족이 내민 침엽수 싫어
포만감 가진 사랑을 잉태 하렸다

눈길 모은 작은 공

기쁨 위에 즐거움 높이 더한 눈길
낮은 촘촘한 그물망 위로
작은 공 하나를
서로 넘겨 받아치는 똑딱임
승패보다 다정으로 가련 눈 맞춤
서로를 신뢰한 눈빛과 존경심은
아름다운 몫의 진실 된 연정戀情
그 시절이 이끌어낸 지금
그와 나는 추억 남긴 그때가
아깝게 간지러워
소박한 그 자리를 서성여 본다

님의 메아리

따뜻한 손길
그들은 맑은 미소로
화답하는 모습 보기 좋아

이내 몸
어시러저도 웃음 지은 마음 사랑
곱고도 향기롭다
봉사와 나눔 위한 그 님들 발자취

아름다운 그 이름
일편단심一片丹心의 메아리
지평선 위에 님의 체취
영원을 넘어 영생永生 가득하리라

외로이 선 표상

어느 여인이 갓바위 오르다가
숨결이 가팔라 그 자리에 임종했던가
작은 언덕 위에서 오랜 날
어느 님 기다리다가 망부석이 되었던가

비가 오나 눈이 오나 바람이 부나
대자대비로 한자리 지켜
고통 받은 중생 구하려
저렇게 외로이 서 있는가

깨달음에 지혜로 살아가란
표상表象이라면
따뜻한 사랑으로 미래를 꽃 피워
모든 님들 우상偶像이라 하리다

입술이 그린 사랑

동그란 하늘 아래
동그란 사랑 그린 가을
철늦게 떨어지는 물소리는
청청한 노랫말

숨 가쁘게 지저귀는 산새
감미로운 사랑 묻어난 음색
저 높은 산에 올라
그대 손잡으려는 절절함

붉은 앵두 입술이 그린
그 사랑을 받아 맞으리란
꽃핀 이 마음 저 마음

그 입 꼬리

호랑이 꼬리에도
개똥이 묻을 란가
고양이 발톱에
쥐 털이 있다지

사람 꼬리 어디 있어
그 꼬리에 받혀
파리라도 맞아
횡사橫死하는 것 보았더이까

그런데 있다고 하더이다
그런데 그렇다 하더이다
어느 험상궂은 입소리

그때 그 처녀 집

느티나무 아래 집
댕기 머리 땋은 그 처녀가
내 마음 유혹한 그 자린데
지금은 주막
나그네만이 들락날락

그 처녀 지금
내 눈에 아려드나
모습은 닿지 않네
어찌하리
고스란히 남은 그때라 해야지
두근두근 가슴 뛴 그때 그대를

팔공산 오를 제 (시조)

무더운 한나절에 팔공산 올라갈 제
빗물 같은 땀방울 흠뻑 젖은 몸이나마
다람쥐 춤 놀이동산에 산새노래 들려 즐겁네

땀방울 흠뻑 젖어 흘린 목마른 몸에
물 한 모금 목축인 갈증 푼 기쁜 심신은
한시름 씻어놓은 즐거움 새롭게 일어났네

제5부

꿈자리 새벽을 열어 놓는다

마음 모양

보기 싫은 얼굴인데
그 입소리 듣고 싶으리
따사로운 눈빛에
정감 넘쳐흐른 가까움이지

입소리 마음 소리
질그릇 깨지는 음성
좋아라 가깝게 하리

그는 최고란 자신만이 도취된 오만
제 마음 제 그릇 모양
그 자리 맴도는 허울이지
어느 누가 가깝게 곱다 해오리

봄 물빛

시냇가 봄 소리
봄 물빛 면경지수 위에
내 얼굴 비춰 올라

외로움 벗어난 대화
가녀린 그때가 언제였던가

따뜻한 정겨운 물소리
내게 찾아준 봄맞이 일래다

밤 밝힌 꽃빛

투영된 불빛
아기자기 자지러진 꽃불이어라

나뭇가지에 앉은 듯
밤 밝힌 꽃빛

하늘엔 별 밭
가까이 가까이 어둠 밝힌
순정에 가름한 꽃 놀이어라

도려내어
님 침실에 밝혀

너랑 나랑
얼굴 만져 있고픔 일래라

어찌 하오리까

어찌나 어찌나
마음 둔 꽃
바람결에 떨어지면
어쩌면 되오리까

눈에 져며 져며
하얗게 지샌 밤들인데
마음 꽃잎 눈보라처럼
날리우는 것을
나 어찌 하오리까

기연岐緣이라면
맹세한 사랑 말
어디에 뱉어놓으리까

꿈속에 옛 그림

어린 시절로 가고파
미끄럼 타고 싶어
눈 위에 썰매를 타렸소
흰머리와 어울린 자리
친구와 친구
함빡 웃음 꽃 입술에 머금은
고요한 산촌
그 풍경에 젖어
어린 시절 추억
앙금이 상큼이로
다정히 살아가던 곳
꿈속에서 그림 그렸소

외로운 원두막

외롭게 세워져 있는
주인 없는 풀밭 위
겨우내 버려진 외톨이 원두막

그래도 그래도
무더운 여름날엔 땀에 젖은 몸
잠시 쉬련 발길 찾아 들겠지

아마도 그땐 겨우내 기다린
외로움 벗어나 내 몫을 다했다는
외로움 덜겠지

아지랑이 숨결

봄이 오나 보다
냉이 잎에 들어 온 봄볕
겨울잠 자는 너를 깨우나 보다
양지바른 바위 밑
파란 잡초 잎이 가려진 곳에서
봄이란 내음 흘겨본 모양
이제
겨울 까맣게 잊었나 보다
아지랑이 숨결
멧새주둥이에 전하여
지저귐도 반갑다는
멧새주둥이 가녀린 웃음
양지쪽 향해 있음에
네 마음 홀켜 있음은
이제사 봄이 정녕 오나 보다

은반 위 여신女神

은반 위 깃털처럼 부드러운 그녀 으뜸
힘차게 솟구쳐서 팽이처럼 돌고 돌아
감동의 한순간 맞아 지구촌 위를 넘나든다

밴쿠버 은반 위 신선미 날개 펼쳐
백학처럼 우아하게 날아오른
환상에 젖은 눈길 그 기억은 영원하리

눈길 모은 고요에서 터져 나온 함성
신들리듯 풀어낸 묘기
그는 영원히 못 잊는 환상의 그림
한순간에 멈추지 않으리

그때가 좋았네

아니었네
결코 아니었네
옛 같지 않은 다정스럼
모두가 세월 흘린 흔적
그 모습 변한 주름살

청춘이 꽃핀 시절
그리도 만남 좋아
산 넘어 물 건너
반갑게 만나 지새운 밤
이제 너덜너덜 남은 나날들은
삶의 끝자락 보임인가 보다

그날로 되돌아간다

생각난다
생각난다

자꾸만 자꾸만
그날그날 그곳

계절이 준 밤안개 짙은 날
살며시 잡은 손에 느낌

그리워 그리워
그날로 되돌아간다

발걸음 함께 놓은 그 길
잊지 못한 청춘 일기

바람도 끊긴 깊은 밤
생각으로
쓰고 쓰다가 쓰다듬는다

그 꽃 그 향기

그지없이 좋아
그지없이 따랐는데

그 꽃 지금은
그 향기 지금은
어디서 저며 있는가

내가 취해버린 꽃눈
다시 한 번이란 동결同結

어름어름 세월
훌쩍 훌쩍 반세기

꽃다진 마음 사랑
백발이 산 고개 넘어간다

비둘기 너는

쫓겨났구나
사랑에 보금자리
우중에 쫓겨났구나

겨울 녹인 봄비 맞아도
사랑 여윈 가슴앓이처럼
하염없이 내린 빗줄기
피하지 못한 채

나뭇가지에 앉은 비둘기 너는
어느 노숙자처럼
빚보증을 섰던가

억울함이 역력히 보이나
생체가 다른 삶이라
안식처 틀어주지 못한 이 마음
안쓰러움만이 비를 맞는다

내겐 오직 그대

나는 그대에 이끌렸네
그대란 마음 향기에 묻혀
정신 잃어 함몰陷沒로 몰입했었네

밤이나 낮이나 다름없이
오직 그대라 내 몸으로 읽었네

삶에서 가장 행복한 기쁨
끊임없이 추구하련 아름다운 열망
그대에 빨려들어 갔었네

함께 할 몫 내 마음의 향기
그대 품에 안겨주려
내 사랑 마음 문門 활짝 열어
사랑 사랑이라
이 순간에도 달려가 오네

사랑을 실천한 님

– 백영기白榮基님의 희생에서 봉사로 –

아름다운 삶을 위해
평생을 변함없이 베푸는 님
언제나 한결같은 희생에서 봉사로
일관一貫된 백의白衣의 천사이시여

그늘진 삶을 밝음으로
보다 삶다운 진정한 삶을 위해
진자리 마른자리 가리지 않은
현인賢人의 거룩한 갖춘 마음이시여

어느 뉘도 달갑지 않다는
눈길 주지 않는 장애인을 위해
모든 것을 다 바친 순수성 앞에
고개 숙여 경건한 마음자리

나눔이란 아름다운 실천에
눈시울 붉힌 깨달음 배움 보다
우러러 존경 받는 성낙원 이사장
백영기白永基님의 아름다운 그 모습
영원히 사랑의 꽃향기 피우오리다

눈雪 내린 그날 길

팔공산 가는 길
곱게 곱게
햇살 아물거려
나뭇가지
앙상한 사이로
눈이 내리네

길 따라 마음 가는 길
우연히
떨어진 눈雪
내 마음에 내린다

산에 들에 신천지
은빛 겨울 향연
숨을 드높여
심장 고동이 흥겨워

고향의 겨울
그때로 돌아가는
아련한 마음잔치
꿈에서 그려진
고향 고향 길 가오네

주는 정 받는 정

슬픈 옛 이야기는
만들지 마옵시다

공허로 끝남은
괴로운 살풀이 한恨이 나니

맺힘 말 쏘아붙여
피차가 상처 남김은
애시 당초 생각지 않았기에

고요로운 마음 다듬이로
주는 정 받는 정
들숨 날숨 같은 사랑
우리가 되었다 하옵시다

기회 만든 재충전

이제나 저제나
생각은 꼬리 흔들어도
속세에 묻힌 삶 틈바구니 끼어
갓바위 방향 보는 눈엔
신선한 미소가 보고파도
그리 쉽게 갈 수 없었네

마음 내친김에
돌계단 길 가팔라도
선추구仙追求 찾은 이내 발길
갓바위 선도량禪度量에 미소처럼
심신 달래고픈 이 몸
이제사 살며시 웃음 지어 닿았네

다듬은 고운 정

이 몸은 어디로 가야하나요
이 마음 어디에 가야하나요

텅 빈 가슴앓이
그대라 불러보는데
솔바람만 스쳐 가오니

이 마음 함께
동행할 정다움 어디 계시나요

다듬은 고운 정주고 싶은데
눈물 닦아줄 님의 손길은
어드메 어드메 계시나요

갓바위 자비 (시조)

하늘을 지붕 삼은
갓바위 약사여래

그제나 저제나
변함없는 무언의 기도

미소 지은 자중자애
자비로움 이어 왔네라

경인년 첫날 (시조)

하늘이 기운 내려 경인년 새해 밝아
지기地氣를 가득 품어 백호가 포효咆哮한다
내 삶도 새로운 기운 받아 근원을 만진다

흥겨운 윷놀이 한해강녕 빌고 빌어
백호 소리 쩌렁 쩌렁 천지를 뒤흔들어
이 몸도 새해 맞아 희망의 한해를 시작한다

■ 시집 해설 ■

조화로운 잠언적 교시教示와 생명기호의 통신

- 장기웅 시인의 따뜻한 예감과 감동의 회복 -

엄 창 섭

(김동명학회 회장, 국제펜클럽한국본부 고문)

1. 물상에 대한 응시와 언어의 분별력

일찍이 대니엘 고들립은 자폐증을 앓고 있는 외손자 『샘에게 보내는 편지』 글에서 "우리는 네모나게 태어나서 둥글게 죽는다." 라고 기술하고 있다. 인간은 자기모순일 수도 있지만, 타인이 자신의 사고를 고집하면 편견을 지니고 완고한 것으로 매도하면서도 자신의 입장을 합리화하는 정황에서 '신념이 강하고 단호하다.' 라며 자기변명으로 일관하는데 익숙하다. 차지에 다행스러운 것은 한국문인협회의 회원으로, 철학박사이며 건축사로 폭 넓게 활동 중인 운서(云瑞) 장기웅 시인이 팔순을 바라보는 연륜에 그 자신의 정신적 생산물인 시집의 간행은, 물상에 대한 응시와 언어의 분별력을 인식한 결과로 일상의 감동을 회복할뿐더러 삶의 교시를 신선하게 안겨주기에 더 없이 유의미하다. 까닭에 "맑음 향한 발걸음 마음 길/ 서서히 오르막 올라/ 하늘에 뜻 기려 어루만져/ 모든 것 비워 놓은 채 바람처럼 걸었네.(맑음 향한 마음 길)"에서와 같이 삶의 일상에서 감동을 회복시켜주는 고독한 정신적 행위는 새로운 양상으로 태어나고 변모할 수 있는 멋진 일이기에 눈물겹게도 감사할 일이다.

소박한 평자의 주장이지만 비열한 이기주의가 팽배한 현대사회는 새삼 역사의 정체성과 문화인식의 안목과 확장이 요청되기에 국가나 기업, 그리고 개인은 치열한 경쟁의 후기산업사회에서 살아남기 위해서 '노왓(know-what)'이라는 기업문화(목적의식)의 인식과 미래상품의 개발에서 원천적 힘이 되는 문화인식의 새로운 이해를 위하여 모름지기 시적 상상력을 확장해 나가야 한다. 아울러 보다 생명력 있는 현대시의 생산을 위해서도 활력이 넘쳐 날 창조적인 에너지(Golden Brain)를 지속적으로 추구할 일이다. 그러나 보다 자명한 것은 "우연의 일치가 아닌/ 까치의 정확한 건축기술/ 바람서리에 불변/ 삶의 영속 곳곳에 이어짐/ 지혜 모은 둥지 섬세한 모양/ 그 속에 삶의 노래 사랑의 노래/ 춘하추동 이어있네.(삶의 영속永續)"처럼 소중한 삶의 일상에서 모국어의 속살을 소통의 도구로 삼아 부단히 '뜨거운 삶의 노래는 거슬림 없이' 감동을 회복시키는 의미 있는 정신작업으로 이행되어야 한다.

이 같은 현상에 비추어 따뜻한 예감의 시인 장기웅 박사가 역사의 정체성(identity)을 각인시킨 경고성 메시지에 해당할 시전집에 해당하는 제1시집 『조국을 빛낸 성좌(星座)』, 제2시집 『어머니 정감(情感) 어린 향기』, 제3시집 『물꽃이 세월에 애원(哀願)한들』을 통하여 혼돈 속에서도 시적 상상력을 놀랍도록 확장시키며, 삶의 지혜를 격조 높은 느림의 시학에 대한 예증은, 정신작업의 종사자에게 시대적 소임을 이행하는 집념으로 해석되어진다. 아울러 "차마 그 시절이 다시 오라지만/ 소망이라 나불거릴 뿐/ 지난날이 까물거려/ 그때여 다시 돌아오란 느낌을/ 손가락에 비벼보네.(어리둥절 보낸 기회)"에서와 같이 역사와 실존, 우정과 애정, 과거와 미래, 감각과 의지를 소통의 도구로 지식층의 몰이기주의적 행태를 인상 비평적으로 평가한 폭넓고 다양한 심층적 이해와 접근은 새로운 의미로 명증되기에 「조화로운 잠언적 교시(教示)와 생명기호의 통신」이 정신작업의 조망(眺望)으로 논의되기에 결코 부족함이 없다.

2. 예언자적 잠언과 감동의 회복

공허한 자위나 도로(徒勞)일 수도 있지만 평자는 정신작업의 종사자로 짧지 않은 시간대를 비교적 순수서정시의 창작과 시적이론에 몰두하여 왔다. 비교적 밝음 추구의 미래지향적인 장기웅 시인은 현실에 안주할 팔순을 바라보는 연륜임에도 즉물적 현상에 머뭇거림이나 주저함을 거부한 긍정적 사고의 실체이다. 그는 21세기의 화두인 '더불어 함께'라는 공동체 의식(inter-being)에서 비롯된 '보다 미끄러짐의 詩學'에 근거하여 현대시의 창작과 실제에 도움을 줄 수 있는 텍스트의 필요성을 절감해 오면서, 오랜 날 누구나 스스럼없이 등을 기댈 수 있는 버팀목이 되어 주는데 일에 열중해 왔으며, 현재에도 상처 받은 영혼을 치유(healing)하는 시인의 역할분담에 놀랍게도 충실하고 있다. 장기웅 시인의 이미지 형상에 있어 "제도판 위에서/ 손에 스켈 쥐어/ 축척·확대를 반복하면서// 티T자와 삼각자 맞대어/ 수많은 선을 긋고 자르고/ 새로운 공간을 구축하련 손놀림(축척이 남긴 족적足跡)"이라는 형사(形似)에 충직한 독자는 제도판 위에서 반복되어지는 그만의 삶의 흔적을 쉽게 발견할 수 있다. 어디까지나 그의 지극히 생산적인 정신작업으로서의 시 쓰기는 '언어의 집짓기'로써 설계를 위한 제도판 위에서 치열하게 반복되어지는 복잡한 갈등구도의 정화를 위한 고뇌의 결과물임을 파악할 수 있다. 까닭에 서정적 인자가 가라앉은 선율로 장식되어 일상의 감동을 회복시켜주는 진지한 정신적 산물로서 모순·혼돈의 통로를 거쳐 이행되었음은 쉽게 발견할 수 있다.

어머니 정겨운 그 이름에/ 왈칵 가슴 저며오는 공허함을/ 못내 그리움으로 달래어 본다//
늘상 가슴 따뜻한 깨우침으로/ 지혜롭게 살라던 어머

니 잠언箴言은/ 세월 벽 물발에 부딪쳐도/ 불러보는 흐느낀 심사心思로/ 그렇게 많이도 흘러서 왔다//
풀어 헤진 치마끈 졸라매신 몸으로/ 밀방아 찧어 채로 치시어/ 밀가루에 콩가루 반죽하셔//
안반 위의 홍두깨질 하신/ 그때 그 모습 아련 아련 마음에 맺혀/ 아직도 또렷이 그 형상은 눈에 아리 운다//
밀가루 정성껏 뿌려 다시 밀어/ 날렵하게 가지런히 썬 칼질 소린/ 다시 보고픈 여울져 어울린 환상의/ 그리운 미련 엮인 몫으로 남아//
지금도 울컥 생각나는 그때 그 손놀림/ 다시 보고파 억장 내려앉는/ 정감情感 어린 결정체의 절정은/ 체취 묻어나는 맛깔스런 솜씨로 이어져//
또다시 어머니 보고픈/ 뜨거운 한스런 눈물 어리운 애달픈 하소연은/ 포근하게 보담아 길러주신 사랑의 손길/ 체취 묻어난 젖가슴에 파고들어 안기고파//
목숨처럼 소중한 어머니를/ 겨울 초입初入에서 나직이 불러보다가/ 동지섣달 긴긴 밤 지새워 빛바랜 영정影幀 앞에/ 다시 한 번 흐느껴 목 메이도록 불러본다//

- <어머니 정감情感 어린 향기> 전문

특히 소중한 인간관계에서 시의 종자를 발아(發芽)시켜 어머니라는 모성의 변형을 거쳐 상징적으로 대지의 이름을 갖게 되는 존재, 즉 혈연의 소중함을 일깨워 〈어머니 정감(情感) 어린 향기〉에 담아내고 형상화 시켜 "또다시 어머니 보고픈/ 뜨거운 한스런 눈물 어리운 애달픈 하소연은/ 포근하게 보담아 길러주신 사랑의 손길/ 체취 묻어난 젖가슴에 파고들어 안기고파// 목숨처럼 소중한 어머니를/ 겨울 초입에서 나직이 불러보다가/ 동지섣달 긴긴밤 지새워 빛바랜 영정影幀 앞에/ 다시 한 번 흐느껴 목메이도록 불러본다."와 같이 고정의 틀로 확장하여 '생명의 본원이요, 모성인 어머니'를 시적 매개물로 격정의 정감을 눈물겹게도 절제시켜 감미로운 서정성으로 다시금 회복시켜 보이다 못내 가슴 저려오는 힘겨운 고뇌는 눈물겹게도 역동성으로 빛나고 있다.

유년시절의 그 아득한 기억에 잠재된 마음이 항상 자리매김한 공간은 정신작업의 종사자에게 있어 정서적 양감(量感)의 표징인 고향에 빗대어지기에 장기웅 시인 경우에도 예외일 수 없다. "타향살이 그 얼마라도/ 고행한 고독 벗어// 따뜻한 내 고향/ 흙을 만져 인사 하리다(고향의 흙)"나 "뉘라서 사랑의 기쁨/ 참 사랑 맛 감미甘味로움/ 나에 사랑/ 가슴팍에 새겨 놓지 않으오리(내 마음 머무는 곳)"에서 확인되듯이 "난초 잎처럼 곡선 멋 그려있는/ 멋이 담긴 슬기라 보아주소서/ 물소리 새소리 듣고 파도/ 들을 수가 없는 형태이나(숲 속에 어울린 삶)"에서 발현되는 청정하고도 아아(峨峨)한 청산, 그리고 아름답고 조화로운 "같은 높이/ 꼭 닮은 모양/ 물꽃이 간지럽게 피어난다(호반의 풍경)"는 즉물적 현상을 통한 시적 발현(發顯)이 깊은 사유를 통하지 아니하고 일상의 생활을 안이

하게 풀어쓴 듯하지만, 자신의 체험을 언어를 변형시켜 그만의 특이한 체취, 육성, 느낌에 의한 시적 수사와 시 의미로 빚어내고 마침내 자존감을 회복시키는 이미지의 형상화이기에 높이 평가해도 결코 지나치지 아니하다.

> 한천 맑은 물빛/ 그 물속에 첨벙 들어가 멱 감고/ 피라미 잡아 좋아라 웃음 지은/ 그때가 손에 집혀 간지럽다//
> 나에 집 하무실에서 지고개 넘어/ 서부학교 정문을 들어설 때/ 눈에 들어오는 운동장/ 땡그렁 찡그렁 들리는 종소리/ 팔순으로 가는귀에 쟁쟁하다//
>
> \- <모교는 영원永遠하리>에서

이 같은 정신기후의 조성에 있어 '마음에 묻은 금가루도 먼지가 된다.'는 성철 스님의 법어처럼 정신적 궁핍보다 물질적 풍요를 소망하는 대다수 현대인을 위한 '자성의 일깨움'은 삶에서 오는 극명한 기쁨으로 인간이 맞닥뜨리는 모든 고통과 역경에 맞서는 긍정적 사유(思惟)의 가르침이다. 잠시 살아온 날을 뒤돌아보는 마음의 평정(平定)을 모국어의 속살을 통해 '그때가 손에 집혀 간지럽다, 팔순으로 가는귀에 쟁쟁하다' 라는 감미로운 시적형상화로 발현(發顯)시킨 그의 맑은 영혼과 날(刃) 푸른 신념의 드러남은 못내 신선해 감동적이다.

그렇다 다 그렇다/ 왔다가 가고 다시 돌아오는/ 자연 순환은 삶의 윤회라// 별스럽게 느끼다가도/ 전혀 무관심無關心한 태연에 묻히다가// 돌고 돌아오는 계절의 변화엔/ 삶의 모양 엇바뀌었더라// 네 삶의/ 순환이란 윤회가 그렇게 저렇게//

- <윤회輪廻>에서

모름지기 인간은 어떤 운명의 별 아래 태어나서 저마다 자신에게 허락된 십자가를 짊어지고 살아가는 존재이다. 우리네 짧은 생애를 통해 중요한 것은 '길은 가까이 있다.'는 맹자의 가르침처럼 삶의 일상에서도 흡족할 줄 알고 깨닫는 존재로 수분(守分)의 철학 또한 수시로 확인하여야 한다. 이 점에 있어 가을날 두물머리 해 저문 강에 노을이 질 때, '아흐, 아름답다.' 라는 감탄이 절로 울림하듯 삶이란, 함부로 낭비하기에는 너무 존엄하다. 이처럼 지극히 "자연 순환은 삶의 윤회"로 교시한 시적 형상화는 그 나름의 역동성을 지닌다. 그렇다. 서산대사의 "눈 덮인 들판 길을 걸어갈 때, 함부로 어지럽게 걷지 마라. 오늘 내가 가는 이 발자취는 뒷사람의 이정표가 될 것이다." 라는 가르침을 반복하여 되 뇌여도 결코 지나치지 않을뿐더러, 제3시집의 표제 시에 해당하는 〈물꽃이 세월에 애원(哀願)한들〉을 통해 보다 명백하게 입증된다.

가는 세월을 어찌하리/ 바람에 몸 부딪쳐 살다가/ 그 세월에 묻혀 버림이었지//
울고불고한들/ 멀리 간 세월 잡아 끄어 가지 말라 하리/ 이 몸 역시/ 한자리 머묾이 아니었으니/ 세월 따라 그저 그렇다 살다봐야지//
무슨 말 늘어놓아/ 가는 나날 붙들어놓으리/ 내 청춘 돌려 달라/ 물꽃이 세월에 애원哀願한들//
지난 세월에 매달려 울어 불러본들/ 애달프단 하소연 달갑게 들어주리/ 흘린 눈물만이 콧등에 닿음이었지//

\- <물꽃이 세월에 애원哀願한들> 전문

한편 시적상상력의 확장에 의한 발상의 전환으로 그만의 열정적이고도 투명한 결과물로 "칡넝쿨은 어찌하여/ 내 손발 묶으라 하는 건가// 태평연월太平年月이/ 캄캄하게 서러워/ 꿈꾼 자리라 하는데(열린 문턱)"에서와 같은 접근은, 지혜로운 삶의 잠언(箴言)이기에 지극히 감동적이다. 특히 "예술에는 국경이 없지만, 예술가에게는 조국이 있다."는 평자의 소박한 지론처럼, 밝은 미래사회를 열어가야 할 삶의 일상에서 인간소외의 고통을 절감하는 이들을 향해 따뜻한 관심을 지녀야 한다. 때문에 장기웅 시인은 철학가답게 화자(persona)만의 아련한 유년의 기억 흔적을 한 장의 정신풍경으로 형상화하여 "푸른 하늘 푸른 마음/ 강산 변한 일곱 해/ 고향 생각은 한결같건만/ 어찌다가 흰머리 눈부시게 되었는가(가고픈 고향)"나 또는

"멀리 보이는 긴 머리 여인/ 겨울 산자락 뒤로한 채/ 어디로 총총 가고 있는가(봄이 오는 길목)"에서처럼 시적 대상이나 정감을 따뜻한 감성으로 꼼꼼하게 풀어내 보이고 있다.

특히 조상의 뼈가 묻혀 있는 산촌과 살을 부비고 살아가며 서정성과 미적 주권을 확립한 그는 동시대에 몸담고 있는 불행한 이웃에 대해 한결같은 사랑의 불을 지피는 지극히 감성적이며 예언자적인 정신작업의 종사자임에 틀림이 없다. 기실 우리의 삶에 있어 특정한 누군가와의 만남은 때로는 운명적이기에, 그 자신도 '때로는 물같이, 불같기도 하고, 때로는 바람 같기도 한 만남의 소중함'을 〈꽃망울 웃음〉을 통하여 "어떤 님의 손길에 걸려/ 산골에 시집온 동백나무/ 못내 서식지棲息地 눈에 밟혀/ 목 놓아 밤을 지새우네." 라며 미적주권이 확립된 서정성으로 나직이 읊조리고 있다. 더없이 서정시 쓰기가 힘겨운 우리 문단의 현상에서 머뭇거림 없이 "다정하게 오가는/ 꽃 웃음/ 입술에 머문 꽃말이 열리네(꽃 웃음)"나 또는 "혼자 가상한 술래 잡이와 숨바꼭질처럼/ 설레이고 설레인 애상愛像의 사모(내 가슴에 젖어든 사랑)"처럼 푸른 식물성 언어로 순수서정성을 꽃피워내는 그의 지난한 몸의 시학은 더없이 경이로울 뿐이다.

21세기 문화의 지역구심주의에 대한 정체성은 자긍심의 확립이기에 복효근의 시적 변명인 『누우 떼가 강을 건너는 법』에 대한 시적변명은 한번쯤 인식할 타당성이 따른다. 우리의 존엄한 삶에 있어 필연적인 만남은 인격 형성에 큰 영향을 미칠 뿐 아니라, 위대한 민족의 혼이나 사상을 심어주는 기연(奇緣)은 삶의 지침을 돌려놓기에 정신적으로 보다 삶을 눈부시게 하는 내적 풍요와 충만의 인자(因子)가 된다. 까닭에 따뜻한 정신기후를 조성하여주는 참 좋은 시인인 그에게 있어 조국에 대한 애정은 남다르다. 그 자신이 "조국애 피고 핀 가지/ 영원무궁 하여라. (무궁화)"고 나라의 꽃인 '무궁화'에 대한 각별한 관심사는 바로 삶의 일상에서 접하는 사물에 대한 그 같은 따뜻한 사물의 응시(凝視)와 섬세함은 인간소외의 경계허물기로 변형될 것이다. 이와 같이 어려움에 처한 인간소외의 아픔을 겪는 이들에게 삶의 소망이며 변주의 통로인 감미로운 예술작품을 통한 다이돌핀(didorphin)의 생성은 그만의 의미망을 지닌다.

모름지기 삶이 공존하는 공간과 시간대에서 부단한 수고와 노력을 요하는 정성스러운 결과물인 까닭에 생명의 촛불이 다 연소되기 전에 인간과 진리, 그리고 자신에 대해서 열정을 쏟던 젊은 날의 순수한 감동이 대륙의 심장에 깊이 자리매김한 탓이기에, "바람이 오는 날엔/ 밝은 빛 잎새마다/ 맑게 살라 할리니(생명 끈)"에서나 "가슴으로 포옹하고 싶은/ 냉랭한 겨울 녹일 열기(보고 싶은 얼굴)"로 명증되고 있다. 존재감을 회복하는 삶의 일상에서 지극히 감동을 눈물겹게 파상적으로 회복시키는 심성이 선한 그에게 허락된 삶은 보편적으로 밝은 미래사회를 추구하는 일관된 노력으로 '창조적 극소수'의 긍정적 삶의 눈부신 편린(片鱗)과 잇닿아 있다. 뿐만 아니라 꼬인 전통의 실타래를 풀어가며 항시 정신기후와 시적 토양을 따뜻하고 풍요롭게 조성하려는 좋은 시인은 독자의 시대적 요청에 부응하며 어느 만큼의 만족을 감동으로 이행시키는 존재이어야 한다. 차지에 "어제는 역사이고, 내일은 신비이며, 그리고 오늘은 선물이다. 그렇기에 우리는 현재(present)를 선물(present)로 인식하여야 한다." 일단, 여기서 표현론자들은 문학을 작가의 내면인식에서 꿈틀거리는 심리적 충동이나 상상력에 의해 이루어지는 것으로 이해하고 있음은 간과치 말아야 한다. 앞서 그리스의 칼릴 지브란이 『예언자』에서 "사랑이 그대들 두 영혼의 기슭 사이에서/ 출렁이는 바다가 되게 하십시오./ 함께 서 있되 너무 가까이는 서있지 마십시오./ 사원의 기둥들도 떨어져 있고,/ 참나무와 삼나무도 서로의 그늘 속에서는/ 자랄 수 없기 때문이다." 라는 기술은, 급기야 "내 비록/ 눈여겨보아 주지 않는/ 민들레지만/ 계절엔/ 민감한 삶이 있네.(민들레)"에서 확인되어지듯 그의 담백한 시격(詩格)에 맞물려 있기에, 충직한 이 땅의 소외계층에 대한 경계 허물기라는 또 다른 관심사이기에 실로 눈물겹다 할 것이다.

3. 인식의 전환과 긍정적 사유(思惟)

19세기 베를린대학의 총장을 역임한 피히테(Johann Fichte)는 「독일 국민에게 고함」이라는 논고를 통해 놀랍게도 황폐화 되는 독일의 근대화를 한 세기 앞당기며 민족혼을 일깨운 인물이다. "독일인은 본래의 주소를 바꾸지 않지만 다른 민족은 그 주소를 바꾸고, 독일인은 본래의 국어를 유지하고 이것을 발달시켰으나, 독일국민에게서는 다른 어떤 국민에게서 보이지 않는 본원적인 생명의 샘이 흘러나오고 있다."는 지적은 세계화를 지향하는 오늘의 우리에게도 충격적인 교훈을 일깨워주기에 피히테의 깊은 통찰력은 보편적 진리로 해석되어야 할 것이다.

초가와 기와집/ 옛 자리 모두가 어디로 갔나/ 사각 건물 치솟아나 형성한 군락/ 그토록 가슴 저리게 힘겨워 살던//
그 시절 그때 그 님들 다시 돌아오신다면/ 산전벽해山田碧海 여기가 어디냐/ 누군가에 되묻고 싶은 충동衝動에/ 마냥 구절장단 입소리 춤을 추오리라//

\- <건물 숲 자리>에서

따라서 확고한 역사의 정체성이나 건강한 비판정신 없이 비생산적인 문제를 끊임없이 제기하는 정객들이 넘쳐나는 암울한 이 땅의 현상에서, 충직한 이 땅의 독자들은 장기웅 시인이 〈건물 숲 자리〉를 통하여 "사각 건물 치솟아나 형성한 군락→산전벽해(山田碧海) 여기가 어디냐"라는 도식에 의한 도시의 현대화에 한번쯤은 생각의 속도에 대해서도 곱씹어 보아야 한다. 이것은 지식과 정보가 광속으로 전파되는 지식·정보화 사회에 몸담고 있음으로 하여 다양한 정보의 공유로 정신적 공해를 입은 현대인의 대처능력에 대한 창조적 사고에도 이목(耳目)을 집중해야 치열한 시장원리를 극복할 수 있다. 한편 총체적으로 우리가 직면한 위기적인 상황은 도전과 실험정신으로 적극적으로 대응할 때야 극복할 수 있고, 이처럼 역경을 극기해야만 변화·발전된 단계의 선진사회로의 자리 매김은 자명할 것이다. 인류의 역사는 혼돈 속에서도 발전을 거듭해 왔기에, 민족의 큰 어른이었던 함석헌 옹의 〈그 사람을 가졌는가〉 라는 시편을 심장에 새겨 "온 세상의 찬성보다도/ '아니' 하고 가만히 머리 흔들 그 한 얼굴 생각에/ 알뜰한 유혹을 물리치게 되는/ 그 사람을 그대는 가졌는가."와 같이 절대적인 존재자를 소유하여야 하고, 따뜻한 감성에 꿈같은 가슴 설렘으로 다이돌핀(didorphin)을 감미롭게 쏟아줄 일상의 감동을 회복해 나가야 한다.

이와 같이 내적 충만인 깊은 사유를 통하여 '일상의 평안과 영혼의 치유를 위한 상생의 해법'을 모색한 끝에 장기웅 시인은 눈부신 자신만의 결정체를 세상에 빚어 놓았다. 무엇보다 신뢰성의 회복을 확신하는 그 자신은 놀랍게도 오랜 날 견고한 고독 앞에서도 따뜻한 정신기후를 조성하기 위하여 고뇌하며 대한민국 국민의 자존감을 놀랍게 회복시켜준 은반(銀盤)의 요정 김연아 선수를 "은반 위 깃털처럼 부드러운 그녀 으뜸/ 힘차게 솟구쳐서 팽이처럼 돌고 돌아/ 감동의 한순간 맞아 지구촌 위를 넘나든다(은반 위 여신女神)"에서 그날의 감동을 새삼 비정한 이기주의의 시대에 몸담고 있는 우리들에게 강렬하게 극찬하고 있다. 그렇다. 우리가 무심하게 흘려버린 오늘은 앞서 간 어제의 그들이 그렇게 목숨처럼 소중한 미래의 시간대였음을 기억할 일이다. 그의 시편 "원근으로 보고 보아도/ 이 강산 아름다움/ 내 조국 땅 위/ 한가로운 아름다운 숨소리/ 늘 푸르게 살아 가렸네라(나의 조국)"는 정감과 시적의지로 법정 스님의 유지문(遺志文)인 "내생에도 다시 한반도에 태어나고 싶다. 누가 뭐라 한대도 모국어에 대한 애착 때문에 나는 이 나라를 버릴 수 없다."를 심장에 새겨 줄 것을 기대할 뿐이다. 까닭에 "쫓겨났구나/ 사랑에 보금자리/ 우중에 쫓겨났구나// 겨울 녹인 봄비 맞아도/ 사랑 여윈 가슴앓이처럼/ 하염없이 내린 빗줄기/ 피하지 못한 채(비둘기 너는)"에서 참담한 '성북동의 비둘기'가 다시금 연상되어지듯 소외된 인간관계의 회복과 오염된 바다를 2-3%의 염분이 정화시키듯 이 시대의 '진정한 극소수의 창조자로서 시대적 소임'을 엄숙하게 수행하여 줄 것을 조심스럽게 기대할 뿐이다.

결론적으로 온유한 심성의 소유자인 장기웅 시인은 창조적 언어, 영혼의 잠식과 시 의미, 그리고 언어의 심연을 위해 갈등구조가 내재된 삶의 처소에서 자신의 시혼을 당당히 펼쳐내고 있다. 그 같은 인자(因子)로 모든 강물이 합일하여 '생명의 본원'인 바다에 이르는 일체의 대상을 끌어안고 포용하는 대의(大義)로 '자신의 체취와 음성, 느낌'을 눈부신 시어로 빚어내는 지난(至難)한 몸의 시학은 오래 기억될 것이다. 모쪼록 그에게 기대되는 평자의 소박한 바램이라면, 홀로 아득한 사유(思惟)를 합리적으로 통용하되 미끄러짐의 시학에 근거하여 시적 고뇌를 긴장의 끈을 늦추지 말아야 함은 물론, "창조자의 이름에 합당한 것, 신과 시인 말고는 없다."는 지적처럼 세상적인 연륜과는 무관한 영감의 비의(秘義)를 해명하는 '순수서정시의 초병(哨兵)'으로서 시대적 소임을 올곧게 실천궁행할 것을 절박한 심사(心思)로 소망한다.

물꽃이 세월에 애원한들

인쇄 2014년 4월 24일
발행 2014년 4월 30일

지은이 / 장 기 웅
펴낸이 / 김 창 석
펴낸곳 / 홍익출판사

주소 / 대구시 중구 동덕로26길 78
전화 / 053) 421-6700, 427-3627
팩스 / 053) 423-5965
등록번호 / 1987년 11월 26일 제1-107호
E-mail / hongick88@hanmail.net

정가 10,000원

ISBN 978-89-7826-257-6 03800

이 도서의 국립중앙도서관 출판시도서목록(CIP)은 서지정보유통지원시스템 홈페이지(http://seoji.nl.go.kr)와 국가자료공동목록시스템(http://www.nl.go.kr/kolisnet)에서 이용하실 수 있습니다.
(CIP제어번호 : CIP2014014036)